當下喜悅

到地球旅行，在心裏跳舞

Enjoy Now

許世賢 著

新世紀美學 出版

目次

當下喜悅

到地球旅行，在心裏跳舞

Enjoy Now

目次

當下喜悅

到地球旅行，在心裏跳舞

Enjoy Now

當下喜悅

到地球旅行，在心裏跳舞

目次

Enjoy Now

自序

跨越繁星不停的旅程

仰望繁星，總覺得故鄉在遙遠的地方，揮不去淡淡鄉愁，那閃爍明滅的星光療愈撫慰旅人寂寞心房。生命美好燦爛如詩，從晨曦吐露溫煦陽光，生活在美麗星球，徜徉清風拂面的清晨，心中升起的當下喜悅，滋養我們度過不同的每一天。

既然到地球旅行，何不在心裏跳舞，不受時空限制，無拘無束，跳出暢快的舞步，跳出喜悅的當下。

本書設計以圖文輝映簡潔版面，讓

讀者翻閱中形成流動的意象之美，宛如電影播映連續畫面，不分篇章，呈現如詩生命美學流暢喜悅的節奏。書的後篇喜悅筆記以筆記書的形式呈現，讓讀者親筆寫下當下愉悅的心情記事，成為最珍貴的私人典藏。

本書由勵志心靈小品與精緻影像構成，賞心悅目的視覺觀感，帶領您踏上心靈療癒之旅，伴隨一顆喜悅的心。感受溫暖的愛，感受當下愉悅的生命奇蹟。

享受當下

聆聽遙遠時空的思念與浪漫

一座留聲機不只留住聲音，遙遠時空的思念與浪漫傾瀉而出，當時的心靈悸動映現腦際，那宛如手工的沙沙聲，那針刺唱盤的喀嚓聲，提醒我們想起生命中某一個人，某一個時代的滄桑。穿越時空而來的情感濃縮留聲機的刻痕裡，樂音飄渺如絲，似夢亦真。聆聽一首昏黃老歌，撫觸復古設計的唱片封套，猛然浮現這麼多浪漫心靈，美麗如斯。在這四下無人的書房裡，怎麼感受不到一點寂寞，當下喜悅。

吟遊詩人

在一輪微笑上吟唱

一首傳唱千年的歌，總在心裡回響。這傳頌千年的詩歌，總在一輪微笑上吟唱，同樣的燦爛笑容，同樣的真摯情懷，歌頌生命如花綻放，歌詠大地如詩美好。從高山唱到原野，從寒冬唱到春雪，從這村唱到那村，吟遊詩人不停傳唱，唱頌甜蜜愛情浪漫如詩，為寂寞的人唱出繁星，為悲傷的人唱出月亮。披著長髮飄逸如風，從魯特琴到電吉他，一樣的心，不一樣的美麗容顏，傳播一樣的溫暖、希望與愛。

唱出晨曦

為寂寞的人唱出晨曦

怎麼形容我對你的愛，那亙古殘留甜蜜的記憶，過近千帆依然回眸的身影。我可以為你唱頌黃昏，在你臉龐灑落光。我可以為你哼唱銀河之歌，以星光為你編織蓬鬆錦被。我還可以為你唱出晨曦，以朝露梳洗你的迷夢。如果你不願甦醒，我願化作無垠大海，浸潤你無盡哀愁。托天上的雲，覆蓋你沉湎憂傷。

感恩喜悅

快樂的人一直跳舞

真正快樂的人對生命充滿熱忱，一直在心裡跳舞。總是放大感恩與喜悅，沉浸幸福感動裡。感謝現在擁有美好的一切，感謝一切逆境的焠鍊。只要用心體會，總是有許多足以感恩的人事物。雖然來到生命裡的情境千變萬化，有時不如人意，但總夾雜美好事物，仔細環顧四週，一定有令你感恩喜悅的景象，直讓你雀躍不已。

拍案叫絕

讀一本讓自己開心的書

甚麼事讓這位年輕人如此開心？是拍案叫絕的劇情或心領神會的體悟，是發現古文明的濫觴或當下喜悅的覺知。如果都不是，那會是發現時空任意門的秘密或是小叮噹的身世之謎。找一個陽光休憩的公園裡，端坐木製板凳上，讀一本讓自己開心的書，找回童年時光的諸葛四郎，讀一本讓自己覺悟的書，體會當下的力量，或一本讓自己喜悅的書，當下喜悅。

隨波逐流

自然流露的快樂心情隨波逐流

這世界是個大型遊樂場，這三個年輕人正享受河岸泛舟的樂趣。看見他們滿溢笑容的臉龐嗎？那是如假包換的喜悅，自然流露的快樂心情隨波逐流。以小手輕撫河流溫柔臉龐，冰涼河水溫潤心房，他們正享受這愉悅的當下。回想你生命中有過的如斯體驗，臉龐不禁浮起笑意，那是來自內心深處的微笑，甜蜜記憶波心蕩漾。

盡情玩耍

漫遊豪華宇宙無邊無際

這世界到處是我們的遊戲場，藍天白雲、湛藍大海映入眼簾。把握幸福當下，及時行樂，盡情玩耍。不需要豪華巨蛋，不需琳瑯滿目遊樂設施，更不須門票，湛藍與昏黃天幕依序升起，從白天玩到夜晚，從夜晚玩到天亮。夢裡的景緻更加精采，不須搭機升空，郵輪出海。心中冥想美麗夢境，漫遊豪華宇宙無邊無際，隨意識流轉無垠星系，有時會看見兩個月亮的星球。

實在好玩

在當下呼吸間遊戲

回想幼時甜蜜時光，認真遊戲的情景。不要擔心未來，未來永遠如時出現，留給未來。當下喜悅，影響未來。認真遊戲的孩子不擔心未來，如貓躍落，輕盈無聲，當下喜悅璀璨如詩。在當下呼吸間遊戲，在當下呼吸間行走，在當下跳躍中著地，在不知不覺中到達彼岸。

輕輕擁抱

打開寂寞的幻影

每個人曾有個溫柔擁抱，不曾離去，不曾遺忘，一直停留溫暖心房。那生生世世再度擁有的溫柔擁抱，讓我們滿心歡喜。我們更不曾真正孤單，寂寞是個幻覺，打開寂寞的幻影，萬物連結一體，心心相連。當我們渴盼溫暖就看見光。當我們期待擁抱，先給出光。

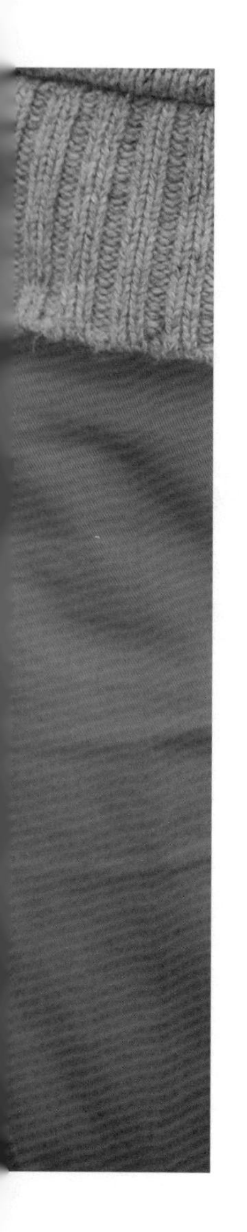

愛的符號

兩顆心連成的心靈符號

綻放喜悅的星斗紛飛，華爾滋樂章迴旋星雲朵朵。時間消逝無蹤，悄悄摘一束湛藍星光，藏入妳衣袖，擁抱滿懷馨香。心手相連，含情脈脈，兩顆心、兩隻手連成的心靈符號，標誌永恆愛戀，永不止息的愛。

濃情海洋

海洋吟詠的詩篇如此濃郁

在銀河間畫一道銀色絲線，將夢想輕輕串起。編織飄蕩時空的傳奇，詠嘆流金歲月。在星座外圈一輪金色光環，用希望填滿幽暗，輕揚繁星點綴晶瑩羽衣，隨流星翩然起舞。結伴在生命洪流裡旅行，共享落日餘暉，繁星朗月。心靈悸動掀起浪濤滾滾，陽光見證的愛情如此燦爛，海洋吟詠的詩篇如斯遼闊。

聽風講話

聆聽風在曠野輕聲朗讀

聆聽風的低語，聽見遠方傳來西雅圖酋長吟唱波瀾壯闊大地之歌，聆聽風在曠野輕聲朗讀惠特曼的溫暖詩篇。風是沉靜的吟遊詩人，總是不時輕聲細語，溫柔叨絮。時而咆嘯喧嘩，時而避開喧鬧市井，獨行原野。親近風的哲學家、詩人與藝術家總是踮著腳尖，在原野中聆聽風的智慧箴言。當你寂寞時，走進風，對風傾訴，聽聽風的啟發，大地靈魂的頌歌。

不停跳舞

世界在腳下悄悄移動

飛舞裙擺，揚起如絲雙臂，沉醉在時間靜止的空間，輕踏音符旋轉，舞動快樂的詩篇。世界在腳下悄悄移動，跟隨跳舞的靈魂飛昇，快樂的人不停跳舞，世界不停轉動。在靈魂深處，在心靈空間，在心底無垠道場，曼妙迴旋。舞出生命奇蹟，舞出腳下蓮花朵朵，隨風綻放。

我是楓葉

感受地球溫柔的心跳

我躲在楓葉後的眼睛看不見你，我是楓葉，楓葉是我，我與萬物連結，雀躍嫣紅的臉龐不停綻放如詩笑意。這是個色彩繽紛，友善溫馨的地球，四季更迭，紅藍黃綠美不勝收。感謝繽紛世界，以豔麗色彩滋養心靈，以燦爛陽光艷麗我的生命。我與萬物合一，感受四季更迭奇幻風景，感受地球溫柔的心跳。

手舞足蹈

生命感動栩栩如生

快樂來自內心和諧感受，總是欣喜雀躍，如癡如醉。海邊嬉戲的孩子，腳踏浪花朵朵。喜悅隨水滴揚起，生命感動栩栩如生。快去海灘快樂跳舞，體驗赤腳輕踏綿綿細沙，揚起清澈水珠的感覺。學習孩子天生熱忱，專注當下。找回內心深處隱藏的赤子之心，回顧生命歷程愉悅的心靈片段，放下矜持，手舞足蹈跳跳舞，玩玩水。

暢快小酌

體會藝術家沉醉創作當下微醺的感覺

偶爾暢快小酌，享受微醺的樂趣，再觀賞身邊美麗事物，分外鮮明。一碟小菜，幾兩白乾，看這位紳士多麼豪邁。觀賞藝術品，沉醉作品散發獨特的美感，感受藝術家創作的心情，體會藝術家沉醉創作當下微醺的感覺。達到忘我境界的藝術家經常享受這愉悅當下，猶如暢快小酌後望見模糊的天空，連墜落的月亮也撈得起來。

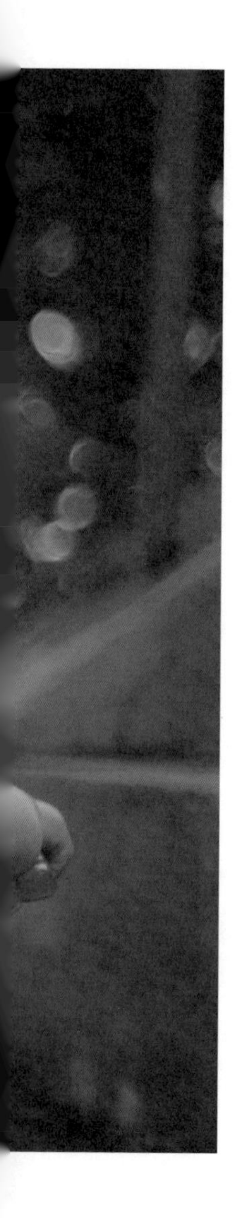

開心閱讀

隨文字悠遊想像的世界

眼前這個專心閱讀的女孩看似心如止水，表情專注，隨文字悠遊想像的世界。這是個與偉大心靈對話的儀式，超越時空。閱讀讓我們接觸不同文明與文化，不同的思想。喜歡閱讀的習慣一旦養成，不須出國遊歷，世界各地的奇風異俗儘入眼簾。觸摸紙張表面，輕翻頁面，這是每天必要的享受。即便電子文明時代來了許久，紙本閱讀仍是無可取代的珍貴禮物，開心閱讀，慢慢瀏覽，讓美麗靈魂獲得滋養。

仰望星空

纏繞織女星座永恆的愛戀

眼眸映照彼此靈魂的剎那，深情凝視凍結時空，任星海波濤物換星移，永恆繫結的思念，悠然甦醒。擺盪星際的銀絲線，漂泊時空孤寂的旅人，棲息深邃眼眸裏，燦爛銀河，隨無數美麗記憶，漂浮虛空。遊吟詩人的詩歌，觸動心弦，飄渺無蹤的愛油然升起。織女星座淚光閃閃，千言萬語化作嫣紫星雲，靜默盤旋。

高歌一曲

讓音樂引領心靈喜悅

高歌一曲，用歌聲取悅自己，讓音樂引領心靈喜悅。愉悅人心的音樂，讓生命沉浸曼妙音符裡，讓月光自心中升起。隨歌聲傳唱喜悅，用歌聲療癒受創心靈。優美的歌詞如詩陶醉，動人旋律令人心花怒放。我們伴隨歌聲成長，到驚覺不再唱歌為止。不快樂就唱快樂的歌，悲傷就唱喜悅的歌，讓歌聲撫平哀傷，用歌唱鼓舞自己。

與山合鳴

每座山都會唱歌

登山的人聆聽大地歡唱，群山合鳴，在晨曦升起當下，聽見大地甦醒的聲音。每座山都會唱歌，也都有自己的歌。深信萬物有靈，印地安長老透過風與山的意識對話，升起狼煙與天上的星辰溝通，虔誠禮敬孕育生命的大地。下次像探望老朋友般，帶著愉悅心情登山，不為攻頂，不為征服，只為聆聽山的思想、情緒與喜悅。

迎風飛翔

自在飛行心次元

順著內心深處的感覺飛翔，飛向內在宇宙深層意識，守護天使總在不遠處飛舞，喜悅縈繞無垠天際，揚起快樂羽翼自在翱翔，怡然飄浮雪白雲端，沉溺天女遍撒穹蒼的迷迭香，倘佯潔淨無痕的心次元，以清澈悅耳天籟，療癒沈湎寂寞的靈魂。

一起追風

大海遞出白色的邀請卡

追逐風速的老鷹放慢腳步，等待你一起翱翔大海。大海遞出白色邀請卡，邀約你與海上的追風老鷹。不論颳風下雨，追逐夢想的心不受阻撓。想像這神奇的默契，來自大海、老鷹與人類，這真是個友善的宇宙，因緣際會，滿心喜悅。

朝聖之旅

浸潤慈悲溫暖的光

晨曦溫柔撫觸沈默星空，滿懷希望生命之花，伴微風伸展輕盈羽翼，綻放甘露甜美芬芳。蘊染神秘符碼晶瑩露珠，隨耀眼白光墜落，意識流奔騰繽紛世界，夢境漂浮曼陀羅。壯麗樂音交響須彌山，如詩旋律悠然飄蕩，繁星迴旋漫舞華爾滋。悠揚樂音飄浮夢醒時分，浸潤慈悲溫暖的光，擁抱褪去沉緬的旅人，澄澈心靈燦然甦醒。

飛行詩人

帶著希望與光明起飛

轟隆升空穿透大氣層，優雅拋出銀色弧線，蔚藍海洋擁抱翠綠大地，金色光點交織串聯。帶著希望與光明起飛，不為征服與虛幻夢想的實現。翻開手中珍藏的草葉集，散播希望的字句隱隱發光，撫慰心靈生命之歌，自行間浮起醉人旋律。為傳頌美好飛行的遊吟詩人，脫下飛行頭盔歡唱愉悅，壯麗景緻悠然綻放。

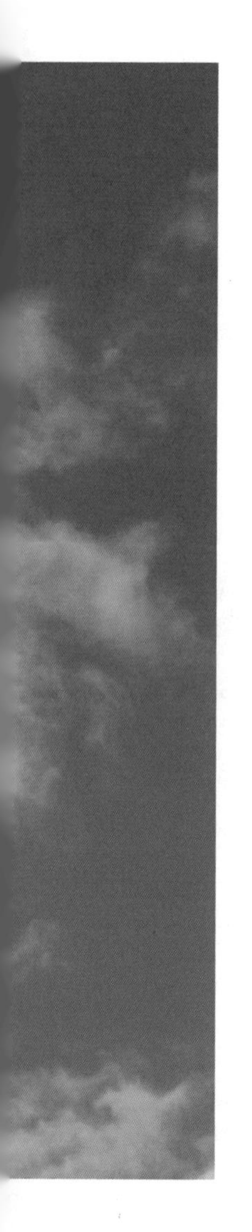

翻轉輪子

追逐風的影子

越野奔騰大地，追逐風的影子。我們都有過狂野的年代，有時經常像揹一把寶劍般揹著圖筒，跨上越野車從大肚山上疾馳而下。像個輕裝武士奔赴戰場，追逐風的影子。風的影子永遠捉摸不定，總是讓冒險犯難的靈魂欣喜若狂。

讀一首詩

朗讀宇宙永恆生命符碼

銀河在清澈眼眸裏旋轉，宇宙之眼晶瑩剔透，慈愛之光映照無垠時空，溫潤旅人寂寞心靈。妳淨如繁星的心閃爍，眼眸綻放如詩光芒，書寫宇宙永恆生命符碼。妳心裏住著古老的靈魂，美麗優雅潔白如絲，為撫慰受苦心靈重生。

愛的分享

絲綢般綿密的深情密碼

分享如詩浪漫，分享喜悅盈滿。在聖誕鈴噹逝去的角落，揚起雪白蝴蝶頁。為妳讀一首浪漫情詩，像風一般柔軟，像雪一樣潔白。在夜空仍看得見織女星，戀人們依依不捨，天空飄著深情雨絲，翻開彩繪思念的頁面，為你讀一首詩。在棉絮飛舞的字句裏，藏著一串串絲綢般綿密的深情密碼。

揮手道別

誠摯地揮手道別

明亮眼眸好奇張望，轉身瞬間揮舞豐盈小手，伴隨誠摯的眼神，消逝人群。天使總是現身不遠處，藏起翅膀行走人間，帶著燦爛笑意婀娜走步，演繹當下美好。生命不息變幻無常，大千世界如曇花一現，何須眷戀過去，惦記未來。

神遊世界

我們應盡其所能參與世界

透過各方式遊歷世界，只要你想就一定做得到。雖然這個世界充滿苦難，但只要我們共處一顆星球，就感同身受。我們不能視而不見，更不能讓心靈麻痺，失去愛與慈悲。我們應盡其所能參與世界，在心中冥想，投射希望與光給受苦的生命。

CANADA
PASSPORT
PASSEPORT
SWEDEN
FINLAND
U.K.
FRANCE
SPAIN
ALGERIA
TURKEY
IRAN
MAURITANIA
MALI
ETHIOPIA
DEM. REP.
OF CONGO
ANGOLA
NAMIBIA
SOUTH AFRICA
COLOMBIA
PERU
BRAZIL

來跳水吧

像箭矢般射穿煩憂

放下沉重心情，放下重力。來跳水吧！到地球旅行，當然要盡情享受，隨當下愉悅感受一躍而下。把煩惱拋到腦後，讓獅子般健壯的身體，像箭矢般射穿煩憂。

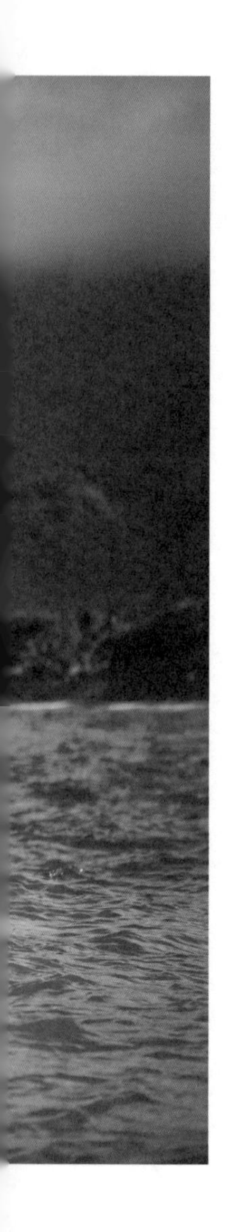

波心漣漪

勾勒流水年華似錦

流暢筆觸隨星空蕩漾，優雅滑行，勾勒流水年華似錦，曼妙生命如詩。悠揚樂音隨風飄逸，迴響河畔戀曲，迷人旋律輕撫觀音臉頰，閃爍淚光粼粼。告別戀人的月色依舊，映照波心漣漪。

永不凋謝

我始終認得出妳

閃爍晨曦燦爛的眼眸，吐露朝露芬芳美麗的臉頰，我始終認得出妳，即便這一生已擦身而過，我始終明白，這一首生命之歌落幕，下一首旋律響起。一世世陌生的邂逅，以眼神碰觸寂寞的靈魂。當愉悅隨晶瑩樂音迴盪，遠方傳來魅惑旅人的歌聲，我會聽見溫柔呼喚。妳輕揚虛空透明天幕，以曼妙姿影舞動娑婆迷夢，我看見妳在不遠的地方，微笑始終自心底浮現，妳在我心底綻放一朵，永不凋謝的花。

大地單騎

遺落邊境的夢

一顆顆慈悲溫暖的心，緊緊擁抱寂寞，化作湛藍夜空明亮的星，指引迷途旅人航向，覺醒的海洋。流浪蒼茫夜色的行者，背負希望的行囊，沿前世行腳足跡尋找遺落邊境的夢，向狼煙升起的遠方。繁星閃爍遙遠的呼喚，穿越時空眷戀，在平靜無痕的波心漣漪，化作七彩蝶衣，盤縈飛舞飄渺夢境。

狼煙升起

洞徹生死心靈平靜

湛藍夜空繁星閃爍寂靜，樹林裏安坐冥想孤寂身影，靜思生命流轉永恆價值。一道喚醒自性的光綻放，慈悲善念心底浮起，皎潔月光映照燦然笑意。仰望繁星聆聽美妙樂音，傳來遙遠星球吟唱的鄉愁，腦海漂浮愉悅合鳴。繁星歌詠無邊喜悅，連結宇宙核心光明通道，心靈深處驀然開啟。

巨人身影

看見普羅米修斯巨大身影

意識飛行穿梭異次元，看見普羅米修斯巨大身影，將點燃希望的火苗，深藏無法熄滅心靈深處。航向彼岸的行者靜默聆聽，來自星斗的呼喚，那歌頌生命如花的詩篇，澄澈無痕空靈寂靜。薛西佛斯的步幅憾動天地，無悔背影遮雲蔽日，背負滄桑踏出莊嚴足跡，怡人芬芳心底綻放。

眺望現在

拋棄對未來的顛倒夢想

眺望現在不要眺望未來，現在就是未來。只要調整當下的心情，才是改變未來，實踐未來的關鍵。不要擔心未來，並非不計畫未來。而是拋棄對未來的顛倒夢想，去除恐懼，冷靜思考，靜思冥想你最希望實現的願景。在心裡刻劃藍圖，認真思索過後，交給潛意識，一覺醒來，宇宙會給你答案。

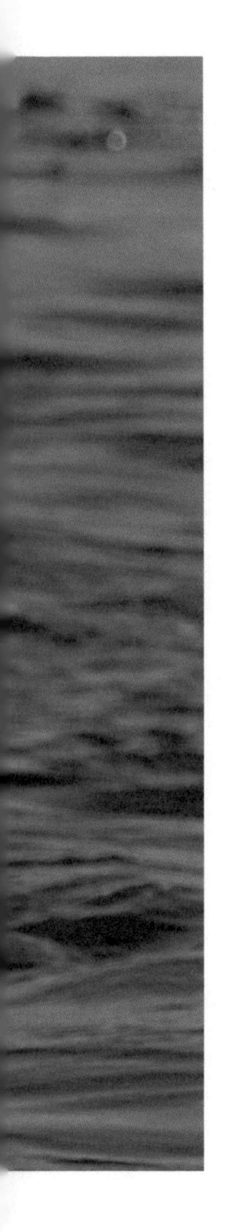

翺翔當下

飛行時只專注飛行

飛行在心靈之海，翺翔當下。有智慧的海鷗從不擔心資源匱乏，自在飛翔，你本是俱足一切的古老靈魂。飛行時專注飛行，調整翅膀和羽翼，感受纖細的變化，順勢飛翔，心裡想著目標就好，宇宙會為你導航。海鷗約納珊應該也是這麼想。

恆河沙數

她是個古老的美麗靈魂

專注當下的奇幻時刻，你不需計算一把抓住幾粒沙。只是專注呼吸就可進入另一個世界，一個心靈綻放的世界。這是個如恆河沙數的宇宙，無邊無際，無始無終。我們是悠遊其間，體驗生命的靈魂。我們是宇宙意識的一部分，我們與其他生命緊密相連，不須畏懼肉體的轉換。看看這個可愛小天使，她可是個古老的美麗靈魂。

演一場戲

我們正加入一場如夢大戲

人生如戲，我們正加入一場如夢大戲，各自扮演不同角色。一齣戲演完就暫時退出舞台，等待下一次出場。有時扮演的角色變換，卻忘了彼此。也許再度相逢，就只剩下莫名的吸引力，然後建立關係，確立彼此角色，又開始另一場戲。

蔚藍海岸

把蔚藍海岸永遠存在心底

到海邊走走，看天上雲朵溫柔叨絮。這是一個萬物連結的世界，當我們專注凝視大海，海洋蘊藏的豐沛能量影響我們。彷彿磁石般吸引我們的心，把蔚藍海岸永存在心中，讓孕育一切也療癒一切生命的能量庇護你。

氣泡飲料

在氣泡裡浮浮沉沉的生命

啜飲一杯氣泡飲料，感受氣泡自胸口竄起的刺激。宇宙像無數氣泡裝在杯子裡的模樣，生命意識流轉其間，看似獨立，卻又彼此相連。發揮你的想像力，如果我們都是在氣泡裡浮浮沉沉的生命，一切是多麼美好刺激。

十分爵士

爵士名伶優美歌聲沁人心田

以十分爵士的心情聆聽爵士，曼妙歌聲慵懶低沉。以高亢心情聆聽快樂頌，全身細胞發出快樂共鳴。許多爵士名伶優美歌聲沁人心田，總是勾起遙遠的記憶。如果聽到馬賽進行曲，立即慷慨激昂，心靈悸動，你肯定曾是個法國人，並且活過那個大革命時代。如果你看到櫻花燦然落淚，你可能是個武士。

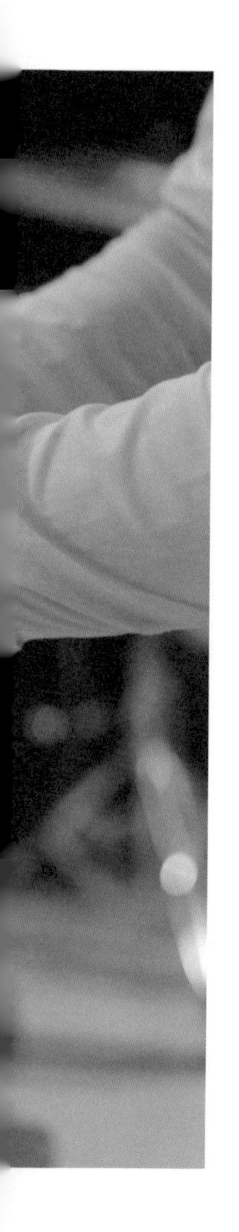

完美演出

參與一場完美演出

舞台上的明星，與舞台下的你融為一體。當我們投入集體意識的當下，我們的心連結一起，你也參與了一場完美演出。集體意識創造人類共同的過去、現在與未來。我們看似彼此分離，又緊密相連。完美演出是舞台上下共同的成果，令人激賞！

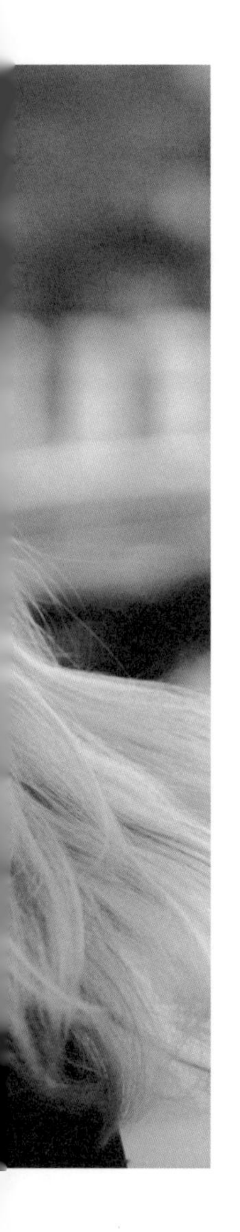

無限遐想

欣賞沿途美景

這真是宇宙的奇異恩典，充滿美不勝收的生命綻放眼前。到地球旅行，不要只是匆匆趕路，忘了欣賞沿途美景。也許在轉角處遇見熟悉身影，也許不經意的邂逅，換得回眸一笑，喚起前世甜蜜的記憶。

回到嬰兒般愉悅的狀態

想像慵懶漂浮的自己，完全鬆弛，漂浮海面。想像自己恢復逐漸逝去的青春，隨波蕩漾。想像讓自己不愉快的往事隨波逐流，漸行漸遠。嬰兒最喜歡在水面靜靜漂浮，享受水中漂浮愉悅的感覺，讓自己回到嬰兒般愉悅的狀態，充滿能量。

快意飛舟

隨興修改自己的劇本

讓思緒來一趟飛舟之旅，沒有限制沒有方向，四處奔馳靈感之海。如同藝術家創作般創作你的生命作品，當下滿足，不須評價與比較。這一趟地球生命之旅，是你自己選擇的劇本，你當然可以隨興修改自己的劇本，宇宙會立即呼應你。

融入願景

我們可以編織夢想

攤開映入眼簾的景象，彷彿設計精緻列印的海報。我們想像的世界都曾殘存我們腦海深處，隨時拼貼成我們看見的影像，所以我們可以編織夢想。當我們輸入許多讓我們充滿熱情的影像，想像會發生多少神奇的事。

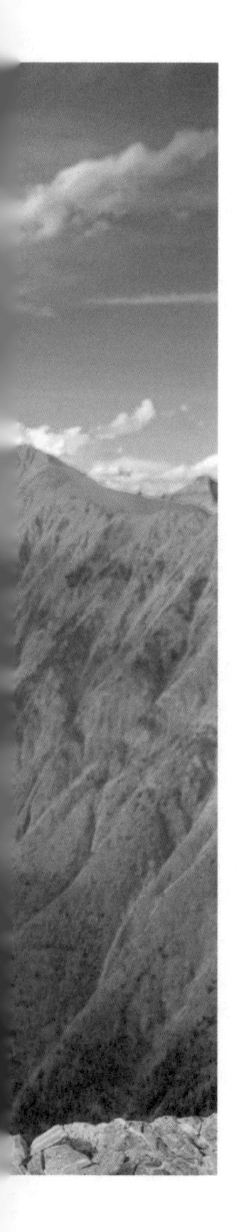

溫柔背影

遇見那令人心悸的溫柔背影

總是有一個溫柔背影等候著，莉莉瑪蓮這首歌深植人心，不只二戰時敵軍戰壕裡聽見不同版本。時至今日，仍然影響地球千千萬萬的戰士，或曾經是戰士的男人。我們在宇宙間生死流轉，遇見那令人心悸熟悉溫柔的背影，總是期待回眸一笑！

夢幻天使

活在當下熱忱的覺悟者

夢幻天使總是不經意出現我們身邊，只要留意，到處是他們的足跡。有人總期待看不見的天使，卻忽略了眼前招手的小天使，活在當下熱忱的覺悟者。他們總是笑口常開，有無限的精力一直玩耍學習，直到我們疲憊不堪。大師都像他們一般，專注熱情，不厭其煩進行眼前的創作，新的創作。他們都有一顆開悟的心。

享受美食

專注吃飯當下食物的美味

繽紛多彩五顏六色，美食藝術令人目不暇給。沒有繽紛美食的誘引，光音天人不會墜入凡塵。沒有美食的人生，缺少樂趣。享受美食得充分咀嚼，品嚐食物。孩子最懂美食的秘密，他們一次只吃一種食物，總是津津有味，當然被追得滿屋跑的孩子不算。關鍵就在專心咀嚼，讓食物口感更為細緻，更有飽足感。吃飯就吃飯，專注吃飯當下食物的美味，任何食物都是愉悅的美味，青菜豆腐適度烹調便是佳餚。

甜蜜滋味

當下入口的幸福滋味

喝一杯滿溢幸福口感甜蜜滋味，享用悠哉下午茶。在繁忙生活中找尋時間空隙，專心品啜手中飲品。看看那迷人色澤，飄散一室濃郁咖啡香醇，慢慢端起咖啡杯品嚐一口，那入口的幸福滋味，當下喜悅油然升起。數人共享或一人也行，重點是心的感受與想像。群居終日言不及義，不如與寂靜對話，有人在清可見底的茶湯裡悟道，有人在那裏遇見神。一切都在當下覺知，開心就好。

意外禮物

重複每一天也活出無窮意義

睜開眼睛，每一天都是意外的禮物。抱著拆禮物的喜悅心情開始，陽光普照的日出，浪漫的綿綿細雨或風雨交加。事先將所有目標與行程設定好，就專注進行當日行程，當下的動作。起床刷牙等等，看似瑣碎的例行公事，都要專心一致。心中哼著快樂頌也行，愉快地進行動作，永遠像第一次那麼新鮮，像收到禮物那麼欣喜。有部有關土撥鼠的電影，男主角被迫重複度過相同的每一天，也活出無窮意義。

心靈朗讀

翻開每本書就進入一個新世界

朗讀喜歡的文字，讓另一個世界進入腦海。與作者對話，或隨主角遨遊遠方，經歷一場心靈焠鍊之旅。閱讀讓想像力無限延展，朗讀讓詩篇更富詩意，每一個心靈交會的當下，充滿奇蹟。由淺入深，選擇自己喜歡的題材，再拓展不同領域。體會閱讀的樂趣，翻開每本書就進入一個新世界，抱著探索的心情進行一場心靈之旅。

閱讀美麗

最佳的美顏聖品是閱讀

專注閱讀讓眼神美麗動人，養成閱讀的習慣，就不會面目可憎，兩千多年前孔夫子如是說。心智活動集中當下閱讀的想像，腦海神遊作者編織的世界，這是人類特有的樂趣。有人每天花很多時間擦脂抹粉，臉部保養廣告如影隨形，面膜銷售量扶搖直上，幾乎成了全球運動。詩人說最佳的美顏聖品是閱讀，由內外顯的心靈之美魅惑人心，永不消逝。閱讀的女人最美。

美麗景緻

美麗心靈享受閱讀的當下

有什麼比這更美好的畫面，當一個美麗心靈享受閱讀的當下，世界彷彿靜止，時間消失無蹤。隨身帶本書，浪跡天涯，十分快意。有本書說閱讀的女人危險，這危險指的是閱讀讓女人散發更迷人的魅力。當然我們閱讀美麗也閱讀當下。閱讀書也閱讀人，閱讀大自然也閱讀街頭市井。用心閱讀當下，到處都有啟發心靈的故事。

寧靜午後

淡水城有開悟的貓，巴黎也有貓禪師

獨享一個寧靜午後，陽光綠意燦然如詩。徜徉大自然的懷抱裡，不須舟車勞頓，不須遠行，世界就在當下。午後時光總是綻放迷人色彩，莫內與雷諾瓦深諳箇中奧秘。色彩光影最炫目的時段，快接近黃昏魔幻時刻。下午茶總是悠哉迷人，河邊漫步更是奢華享受。淡水河畔、塞納河畔各有不同迷人景緻，陽光映照波光粼粼，美不勝收，這是大自然的恩典，令人心醉神迷。淡水城有開悟的貓，巴黎也有貓禪師。

朗讀天空

朗讀帶給我們無限夢想的繁星

記不記得小時候，我們都喜歡眺望天空，總是對天上的動靜雀躍不已。長大一點我們又喜歡在天上飛，即便不是飛行員，也搭過飛機。我們不停朗讀天空彩虹，朗讀天空的雲，也朗讀帶給我們無限夢想的繁星點點。

金色毫光

充滿慈愛無限悲憫的光

一個金色世界為你展開，那是無限慈悲的光，有金色波浪，金色的雲。每個人都會看見的景緻，不因宗教信仰有所不同。到地球旅行告一段落，我們終將別娑婆，回到那道金色的光，充滿慈愛無限悲憫的光。

魔幻時刻

品味即將落幕的魔幻時刻

魔幻時刻靜靜拉開序幕，世界在沉沒前展現最炫麗迷人的色彩。享受當下這魔幻時刻，不要尋求明天的落日餘暉，不要在春天企盼冬季旅行。品味即將落幕的魔幻時刻，許多人畏懼未來，讓未來陰影覆蓋當下美好。夕陽落幕，還有繁星。繁星落幕，晨曦升起，天幕依序升起降落。何不順著播映次序欣賞，享受當下美景。有人說夕陽無限好，只是近黃昏。這略帶傷感的口吻，忽略了明月幾時有。

乘風破浪

安住當下，無所恐懼

順著海的節奏與浪濤共舞，如同不要逆向行駛或酒後開車。掌握生命脈動，隨順宇宙的節奏，看看生命豐富的變化，這是否是到地球旅行事先規劃的行程，一點都不重要了。我們隨遇而安，乘風破浪或隨波逐流，存乎一心，安住當下，無所恐懼。

踽踽獨行

通往宇宙核心的通道始終開啟著

我們是流浪繁星不停旅行的靈魂，每次藉不同生命型態體驗物質世界，在不同生命旅程中，體驗不同的生命情境，遍覽以不同面貌呈現的宇宙。永遠不要對自己失去信心，也永遠要活在當下。每一個生命都是獨一無二的呈現，各有其存在的價值與意義。看似踽踽獨行的旅人，並不孤獨，守護天使環繞四處。內心深處通往宇宙核心的通道始終開啟著，只要沉澱心靈，調整呼吸，就可打開那扇門。

甜蜜記憶

我是多麼想念妳

茉莉花香隨髮絲拂面，沉醉迷炫華麗黑洞。不願甦醒的時間，漂浮虛空若隱若現。一絲笑意蕩漾宇宙奧秘，沁入心田。醉人詩意牽引靈魂，生生世世甜蜜記憶。妳深邃眼眸引領輪迴，在時空遊走飄蕩。當放下身體漂浮的時候，我是多麼想念妳。

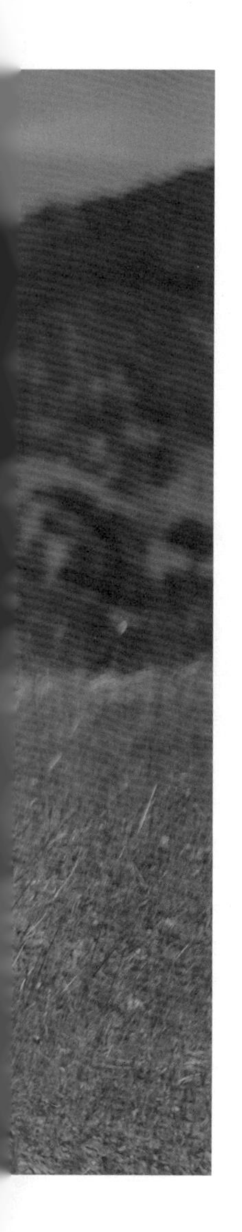

隨風飄逸

海洋總在不遠處呼喚

寂寞之城靜默冥想，濃郁花香自心底暈開。時間悄然蒸發，茉莉花香裊裊飄蕩，醉人心弦的香頌。誰在虛空輕聲吟唱，安慰旅人孤獨寂寞的心，總是耳邊吹拂細語，傾訴迷濛煙雨溫柔叨絮。旅人的戀情隨風飄逸，天空迴盪思念的氣息，自由靈魂漫步河邊，海洋總在不遠處呼喚，時間悄然蒸發。

溪邊曼波

光影綻放怡然芬芳

看著自己溪邊玩耍的倒影，跳著曼波的影子嬉戲水面。揮舞手上那條銀絲線，拍打水面陽光，像莫內的荷花，光影綻放怡然芬芳。享受當下愉悅的方式實在簡單，溪邊跳個曼波也行。

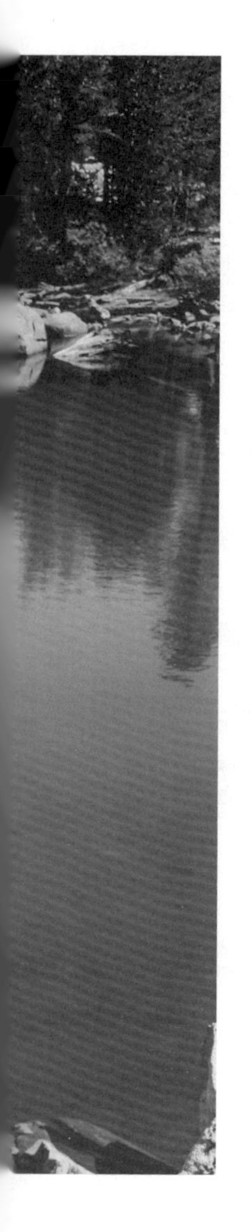

盡情搖擺

運用集體潛意識的力量讓自己開心

去聽一場現場音樂演唱會，隨樂音盡情搖擺，與巨大歡樂能量連結。釋放壓抑的情緒，讓搖晃身體抖落負面能量與思維。感受別人的感受，感動別人的感動，轉換為自己如實感受與感動。運用集體潛意識的力量讓自己開心，參加畫廊或新書發表會，聆聽演唱者或創作者分享他們的生命歷程，濃縮作品裡的思想。你也可以創作自己獨特的旋律，拿起筆在本書後面塗鴉，畫出或寫出當下喜悅。

喜悅筆記

實現當下愉悅的夢想筆記書

編織夢想的藍圖，在腦海投射鮮明影像，夢想板是最強效的工具。以下頁面都有預先置入的影像暗示。你可以在右頁詳細敘述你當下喜悅的感受，或是你心中想望的具體情境，鉅細靡遺。越詳細越好，這是你對宇宙寫下的劇本，當下喜悅。

舞動當下

寫下當下喜悅的感受

我是我是

寫下當下喜悅的感受

天籟餘韻

寫下當下喜悅的感受

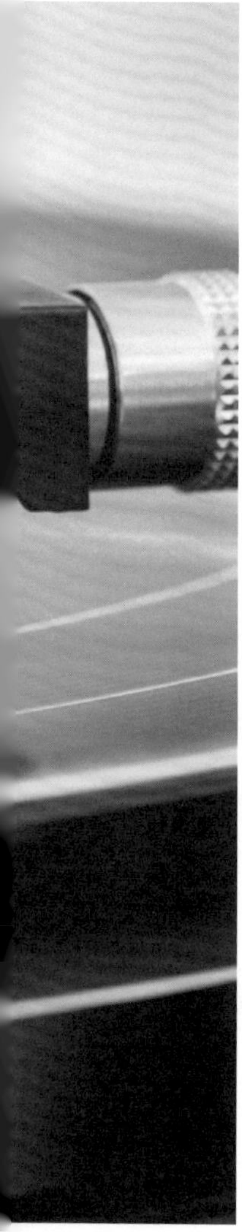

你儂我儂

寫下當下喜悅的感受

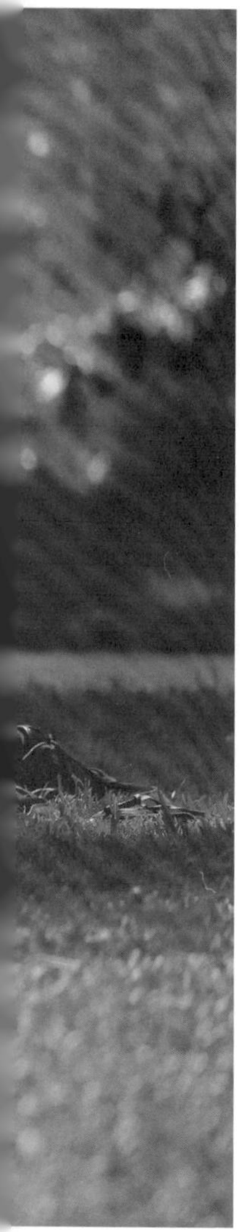

回眸一笑

寫下當下喜悅的感受

瓦尔登湖

溫柔撫觸

寫下當下喜悅的感受

擁抱海洋

寫下當下喜悅的感受

欣賞仰望

寫下當下喜悅的感受

AMPERE
CHEVREUL
FLACHAT
NAVIER
LEGENDRE

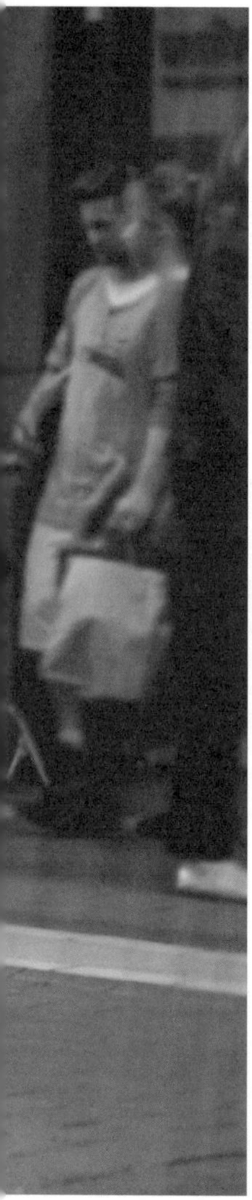

滾動自己

寫下當下喜悅的感受

快意擺盪

寫下當下喜悅的感受

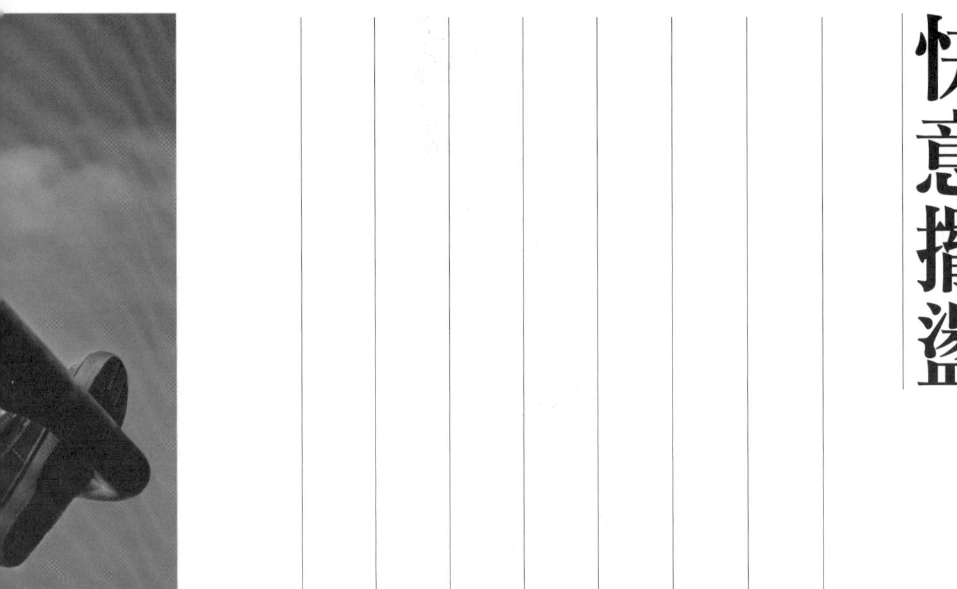

鍛鍊心田

寫下當下喜悅的感受

騰空飛耀

寫下當下喜悅的感受

朗讀世界

寫下當下喜悅的感受

the end of 1890, Gauguin returned to Paris where he came into touch with
writers like Jean Moréas, Charles Morice, Stéphane Mallarmé, Paul Ver-
and Octave Mirbeau and was welcomed by them as the leading representative of
in painting. He became an habitué of the cafés where the Symbolist
he attended several of Mallarmé's 'Tuesdays'; Octave Mirbeau
the preface to the catalogue of the sale of 30 of his pictures at the Hôtel Drouot;

蓄勢待發

寫下當下喜悅的感受

使命榮譽

寫下當下喜悅的感受

把握當下

寫下當下喜悅的感受

003
NRS

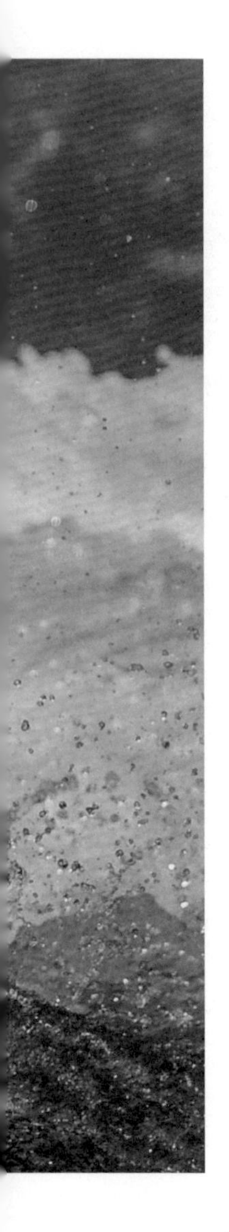

放手一搏

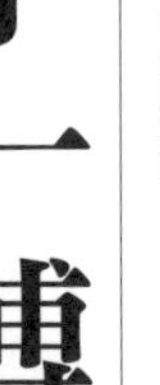

寫下當下喜悅的感受

BNDES
38
2016

全心全意

寫下當下喜悅的感受

品味當下

寫下當下喜悅的感受

生命寫真

寫下當下喜悅的感受

守護天使

寫下當下喜悅的感受

大地行腳

寫下當下喜悅的感受

瀏覽夕陽

寫下當下喜悅的感受

不停探索

寫下當下喜悅的感受

平靜喜悅

寫下當下喜悅的感受

幸福財神 2

當下喜悅 Enjoy Now

到地球旅行，在心裏跳舞

作　　者：許世賢
美術設計：許世賢
出 版 者：新世紀美學出版社
地　　址：台北市民族西路 76 巷 12 弄 10 號 1 樓
網　　站：www.dido-art.com
電　　話：02-28058657
郵政劃撥：50254486
戶　　名：天將神兵創意廣告有限公司
發行出品：天將神兵創意廣告有限公司
電　　話：02-28058657
地　　址：新北市淡水區沙崙路 25 巷 16 號 11 樓
網　　站：www.vitomagic.com
總 經 銷：旭昇圖書有限公司
電　　話：02-22451480
地　　址：新北市中和區中山路二段 352 號 2 樓
網　　站：www.ubooks.tw
初版日期：二〇一六年十二月
定　　價：三二〇元

國家圖書館出版品預行編目（CIP）資料

當下喜悅 Enjoy Now ： 到地球旅行，在心裏跳舞 / 許世賢著 -- 初版 . -- 臺北市 ： 新世紀美學, 2016.12 面 ； 公分 . --（幸福財神 ； 2）
ISBN 978-986-93635-8-7（平裝）
1. 成功法 2. 自我實現
177.2　　105020717

新世紀美學